ATHÈNES,

OU

LES GRECS D'AUJOURD'HUI,

TRAGÉDIE EN TROIS PARTIES ET EN VERS.

ATHÈNES,

OU

LES GRECS D'AUJOURD'HUI,

TRAGÉDIE EN TROIS PARTIES ET EN VERS,

Par M. Emile Cottenet,

Représentée à Londres le 4 juillet 1827,

PRÉCÉDÉE D'UNE DÉDICACE AUX AMIS DES GRECS.

« Qui meurt pour son pays ne meurt pas tout entier. »

PRIX : 1 FR. 25 C.

A LONDRES ET A PARIS,

CHEZ LES MARCHANDS DE NOUVEAUTÉS.

1827.

IMPRIMERIE DE DAVID,
BOULEVART POISSONNIÈRE, N° 6.

DÉDICACE

ADRESSÉE AUX AMIS DES GRECS.

C'EST à vous, pieux philhellènes,
A vous, dignes soutiens d'un peuple malheureux,
A vous, dont les bienfaits, de ces Grecs valeureux
Chaque jour allègent les peines,
Que j'ose dédier cet ouvrage imparfait.
En le plaçant sous votre égide,
Je rirai du censeur rigide;
De ces traits acérés je braverai l'effet.
Fier d'avoir consacré ma lyre
A citer les hauts faits, les exploits glorieux,
Les revers, les succès, et le sang précieux
Répandu dans ce long martyre
Que souffre avec orgueil le Grec religieux,
Je me dirai : Pour cette cause,
Je ne puis d'un peu d'or disposer aujourd'hui...
Par un autre moyen, devenons son appui!
La charité parfois repose,
Abrégeons son sommeil par de nobles écrits.
Je sens que pour les Grecs j'aurai fait peu de chose;
Mais, pour les malheureux quand son cœur en dispose,
Le denier de la veuve a quelquefois son prix.

AVERTISSEMENT.

C'EST moins une préface que je mets en tête de cette bluette bizarre, qu'un *avis au lecteur* sur la manière dont elle a été composée. Lorsque je conçus l'idée de mettre sur la scène un des épisodes les plus intéressans qui fourmillent dans l'histoire des fils d'Épaminondas, je fus arrêté chaque jour par les nouvelles tantôt heureuses et tantôt désespérantes qui nous arrivaient de l'Attique; je fus donc obligé de consulter chaque matin les gazettes (j'en excepte la *Gazette de France*), et de régler mon travail sur ce qu'elles nous apprenaient; je fus de plus contraint d'abandonner les règles d'Aristote dans un pays où l'unité de lieu n'est point admise. Toutes ces difficultés se font sentir et dans la contexture et dans la versification de ce petit ouvrage; mais, comme je n'avais d'autre but que de ranimer la bienfaisance des nombreux philhellènes et de leur faire de nouveaux prosélites, le succès a surpassé mon attente, et j'ai trouvé, en Angleterre comme en France, d'innombrables soutiens de la cause sacrée défendue par les malheureux Grecs.

Que les rois chrétiens jettent un regard sur leurs sujets; qu'ils les imitent, et le sang innocent cessera de couler!

On pardonnera donc cette aberration de mon imaginative en faveur du bien qu'elle a pu faire à cette poignée de héros qui luttent encore contre l'hydre de l'islamisme; c'est cet espoir seul qui m'enhardit à la livrer à l'impression.

EMILE COTTENET.

PERSONNAGES.	ACTEURS.
IBRAHIM-PACHA....................	MM. MARIUS.
MOHAMED, confident d'Ibrahim...	GRANDVILLE.
TÉSIPHON, Grec....................	CERTAIN.
PHALARIS, fils d'Adastrée...........	Mlles DUCHEMIN.
ADASTRÉE, épouse d'un général grec..................................	SAINT-LÉON.
ÉRIONNE, épouse de Tésiphon.....	SAINT-AULAIRE.

DÉCORS.

PREMIÈRE PARTIE.

A la première partie, le théâtre représente une place d'Athènes. Toutes les Athéniennes sont dans l'anxiété; le jour commence à poindre; une forte canonnade se fait entendre et s'éloigne pendant tout le cours de cette première partie.

DEUXIÈME PARTIE.

Le théâtre représente le camp d'Ibrahim; sa tente est sur le premier plan à droite du spectateur; l'étendard du croissant flotte au milieu du camp; on aperçoit çà et là des vedettes.

TROISIÈME PARTIE.

Le théâtre représente une place près des remparts d'Athènes; on aperçoit dans le lointain l'Acropolis; une croix et un appui servant d'autel, sont placés au premier plan à la gauche du spectateur.

ATHÈNES

OU

LES GRECS D'AUJOURD'HUI.

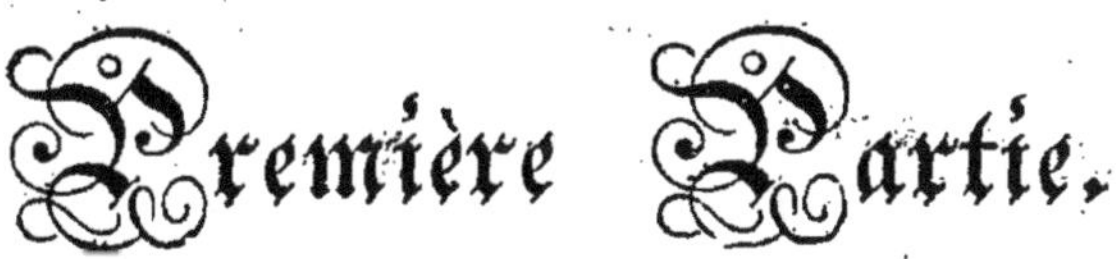

Première Partie.

SCÈNE PREMIÈRE.

ÉRIONNE, ADASTRÉE.

(On entend une forte canonnade, qui, pendant le cours de cette scène, paraît s'éloigner.)

ÉRIONNE.

Des Grecs le noble sang va donc couler encore !
Sous les coups d'Ibrahim, que l'Hellénie abhorre,
Faut-il que nos époux, faut-il que nos enfans
Succombent chaque jour !

ADASTRÉE.

Ils meurent triomphans ;
Dans les rangs du Satrape ils portent le carnage ;
Leur trépas glorieux brise notre esclavage ;
Par lui dorment en paix les brebis au bercail ;
Par lui sont ébranlés les remparts du sérail.

Pour calmer nos regrets, songeons à la patrie;
Du joug des Musulmans elle est encor flétrie.
Mêlons leur sang impur au sang religieux;
Fuyons jusqu'à leur souffle, il est contagieux!
Au séjour de la mort, toutes s'il faut descendre,
Qu'un cri de liberté soulève notre cendre;
D'un front calme allumons les sinistres flambeaux.

ÉRIONNE.

La Grèce n'offre, hélas! que d'immenses tombeaux!

ADASTRÉE.

Ces tombeaux glorieux servent d'exemple au monde.

(On entend le canon.)

ÉRIONNE.

Entendez-vous l'airain?...

ADASTRÉE.

Que m'importe qu'il gronde!
Si, par un sort funeste, il frappe nos guerriers,
Ses coups, pour Ibrahim, sont-ils moins meurtriers?
Dieu le souffrirait-il?... Sur lui je me repose;
De la religion nous défendons la cause.
Le Grec qui s'immola pour venger ses autels
Habite dans les cieux parmi les immortels:
Dieu le sait, Dieu le voit, et sa toute-puissance
Bientôt épargnera le sang de l'innocence.
Cachez-moi vos douleurs, cachez-moi vos regrets;
Du sort qui nous attend respectez les secrets.
Point d'inutiles cris, point de faibles alarmes:
Si le Turc est vainqueur, il nous reste des armes.
Des corps de nos époux formons-nous un rempart;
Sur ces restes sacrés plantons notre étendard;

Plaçons-y nos enfans; saisissons notre épée;
Dans le sang ennemi qu'elle reste trempée;
Et, s'il nous faut périr, montrons à l'univers
Qu'un peuple tel que nous meurt pour briser ses fers.

ÉRIONNE.

Votre fils vers ces lieux lentement se dirige.

ADASTRÉE.

Mon fils? qu'y vient-il faire, et quel devoir l'oblige
A quitter le combat? Craindrait-il donc la mort?

ÉRIONNE.

Qui, lui? non; gardez-vous de l'accuser à tort;
N'est-il pas du sang grec? n'êtes-vous pas sa mère?
N'a-t-il pas les vertus, la valeur de son père?
Lui, redouter l'aspect des plus affreux combats!
O ciel! il est blessé! ne l'accusez donc pas.

SCÈNE II.

LES MÊMES, PHALARIS, blessé.

PHALARIS.

Quelle horrible nouvelle ai-je, hélas! à t'apprendre!

ADASTRÉE.

Parle, parle, mon fils; rien ne peut me surprendre.
Ibrahim est vainqueur?

PHALARIS.

Ibrahim est vaincu:
Ah! s'il eût triomphé, j'aurais déjà vécu.
Oui, son bras me cherchait; son audace trompée
Vers mon cœur dirigeait sa redoutable épée;
Mais la mienne était là! j'ai su parer ses coups;

Par mon courroux j'ai su repousser son courroux.
J'ai senti dans mon âme une force suprême ;
Si mon sang a coulé, le sien coule de même ;
Et mon bras, jeune encore, à vingt de ses soldats,
Secondant ma fureur, a donné le trépas.
La victoire est à nous !

ADASTRÉE.

O Dieu ! je te rends grâce !
Viens, viens, cher Phalaris ; que ta mère t'embrasse.

PHALARIS.

Hélas ! chère Adastrée, apaise ce transport :
S'il te reste ton fils, ton noble époux est mort !

ADASTRÉE.

Quoi ! ton malheureux père... ?

PHALARIS.

A passé l'onde noire :
Il fallait son trépas pour fixer la victoire ;
Il fallait perdre Athène, ou mourir en vainqueur ;
Pouvait-il balancer ?

ADASTRÉE.

Je connaissais son cœur,
Sa haine pour les Turcs, son amour pour la Grèce,
Et sa bouillante ardeur et sa vive tendresse.
Hélas ! il n'est donc plus ! Pardonne, mon pays,
Si des pleurs vont couler de mes yeux attendris ;
Je les dois à sa cendre, et, si tu les partage,
Tes regrets à l'instant me rendront mon courage.
Cache-moi ta douleur, ô mon cher Phalaris !
Il faut que mon époux revive dans mon fils.
Ibrahim est vaincu !

PHALARIS.

Vers notre Prytanée
Ses coups se dirigeaient, et, par lui condamnée,
Athène allait périr, disait-il : vain espoir;
Des Grecs il a senti l'invincible pouvoir.
Chaque glaive est tiré, partout le bronze tonne;
Des dangers qu'il prévoit, pas un Grec ne s'étonne;
Dans les rangs du satrape il porte la terreur;
Tout cède à son épée, à sa noble fureur.
J'aperçois Ibrahim; sur ses pas je m'élance :
D'un coup de cimeterre il a brisé ma lance;
Mais mon glaive me reste, et mon trop faible bras
Ne peut, en le blessant, lui donner le trépas.
Il sourit à mes coups; je sens doubler ma rage;
Et d'un air dédaigneux, méprisant mon courage,
Il me blesse à son tour. Du haut du Parthénon,
Ericlès, Thalaris, Pamphis et Xéménon,
Voyant notre péril, ont franchi la muraille;
Leurs coups ont décidé le sort de la bataille....
Mais à quel prix, grand Dieu! tous leurs membres épars,
Par le bronze emportés, ont rougi nos remparts.

ADASTRÉE.

Arrête, Phalaris, n'augmente pas mes peines.
Voilà donc quel sera le destin des Hellènes!

ÉRIONNE.

O cruel avenir! ô pays malheureux!

ADASTRÉE.

Vengeance, conduis-nous; rends nos bras valeureux!
En combattant les Turcs, mourons pour la patrie;
Aimons notre pays jusqu'à l'idolâtrie.

Du croissant l'étendard a fatigué nos yeux;
De Stamboul les soldats ont profané ces lieux.
Il faut vaincre ou mourir : rassemblons notre haine;
Succombons avec gloire, ou brisons notre chaîne.
Vers un temple sacré portons nos derniers pas;
Qu'un ministre de Dieu nous conduise au trépas :
Allons sauver par lui la vieillesse et l'enfance;
De la Grèce outragée allons venger l'offense.
Partagez mon courroux; le glaive dans ma main
Saura de la victoire élargir le chemin.
Partons, plus de retard : trop long-temps l'Hellénie
Courba son noble front devant la tyrannie.
Nous reviendrons vainqueurs, puisque la liberté
Dans nos cœurs, sur nos fronts imprima sa fierté.
Souvenir de Modon, augmente notre rage;
Patriarches martyrs, doublez notre courage;
Mânes de nos héros, guidez notre valeur!
Dieu que nous adorons, daigne, par ta grandeur,
L'accueillir dans ton sein, si la Grèce succombe :
Que sur des rois chrétiens ta vengeance retombe.
Dis-leur, par notre voix, qu'indignes spectateurs,
Des maux que nous souffrons seuls ils sont les auteurs;
Que le Grec leur pardonne, et qu'il va, d'un front calme,
Ou secouer le joug, ou mériter la palme.
Hellènes, suivez-moi; j'entends gronder l'airain;
Partons, partons, vous dis-je, et bravons le destin.
Contre nos ennemis combattons sans relâche :
Devant la liberté la tyrannie est lâche.
La gloire nous appelle.

ÉRIONNE.

Il faut suivre ses pas.
Du glaive de la mort courons armer nos bras.

PHALARIS.

Déjà le mien est prêt; et, malgré ma faiblesse,
La perte de mon sang et ma grande jeunesse,
Ibrahim me verra.

ADASTRÉE.

Demeure, Phalaris;
Nous combattrons sans toi.

PHALARIS.

Ne suis-je plus ton fils?
N'ai-je pas à venger les mânes de mon père?
Ne dois-je pas mourir pour défendre ma mère?
De vos rangs glorieux voudrais-tu me bannir?
De respirer encor voudrais-tu me punir?
Si tantôt mon trépas eût pu sauver Athènes,
Je l'aurais provoqué... Mais inutiles peines:
Au milieu du combat, mon bras, mal affermi,
N'était plus par ses coups funeste à l'ennemi...
Mon courage renaît, ma blessure est guérie;
Par l'aspect du péril mon âme est aguerrie.
Mort, mort à nos tyrans!...

ADASTRÉE.

Et gloire à nos héros!
Viens, viens, cher Phalaris, rejoignons leurs drapeaux;
Allons rendre des Turcs les efforts inutiles,
Et, pour les écraser, songeons aux Thermopyles.

(Ils sortent.)

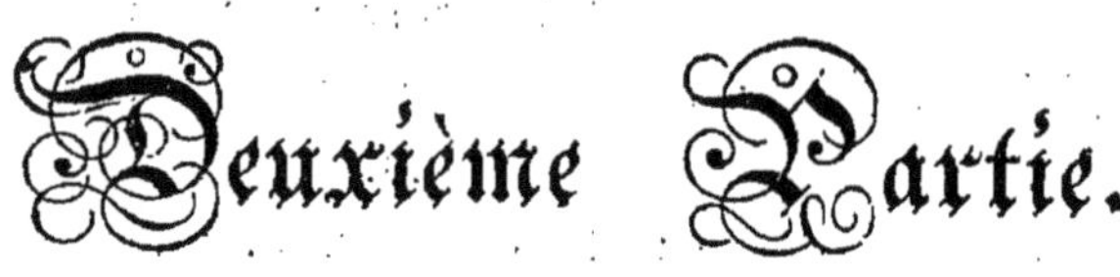

(Le théâtre change, et représente le camp des Turcs.)

SCÈNE III.

IBRAHIM, blessé, MOHAMED.

IBRAHIM.

Mais quel est donc le Dieu qui commande aux chrétiens?
Ses pouvoirs, Mohamed, surpassent donc les tiens?
Je vois à chaque instant foudroyer mon armée;
Je crois à mon aspect l'Hellénie alarmée;
Et, quand je vais combattre, un seul de ses guerriers
A vingt de mes soldats arrache des lauriers.
Du croissant l'étendard fuit devant leur bannière:
Cinq cent mille croyans ont mordu la poussière;
Et tu restes muet! Tu verras tes autels
Renversés par les mains des profanes mortels?
Pardonne, ô Mahomet, ce trop juste murmure,
Mais le glaive d'un Grec a souillé mon armure;
Mon sang même a coulé par la main d'un enfant;
De m'avoir combattu je l'ai vu triomphant;
Et je n'ai pu l'abattre, il a trompé ma rage;
Pour l'âme d'Ibrahim quel affront, quel outrage!

L'implacable sultan, si je ne suis vainqueur,
Bientôt fera plonger un poignard dans mon cœur;
De toutes parts enfin le péril m'environne.

MOHAMED.

Quoi! de quelques revers ton courage s'étonne?
Missolonghi n'est plus, Athènes tient encor;
Si tu veux à nos bras donner un libre essor,
Avant l'aube du jour nous triomphons d'Athènes.

IBRAHIM.

Non : ses fiers citoyens veulent briser leurs chaînes;
Leur affreux désespoir est à craindre pour nous;
Lorsqu'on hait l'esclavage, on en brave les coups.
Ils veulent surpasser Marathon, Mantinée;
Que l'univers un jour pleure leur destinées;
Que leur sol fatigué de l'aspect du croissant,
Bientôt s'anéantisse ou devienne puissant;
Chacun d'eux voit encore Thèbe et Lacédémone;
A l'espoir du succès chacun d'eux s'abandonne;
Chacun d'eux, s'il combat, est un Léonidas,
Et meurt en conquérant comme Epaminondas.
Voilà quels sont les Grecs : les as-tu vus naguère
Lorsqu'à Missolonghi j'osai porter la guerre?
Femmes, vieillards, enfans combattaient chaque jour;
Leur Dieu, leur liberté régnaient sur leur amour;
Pour eux, ils bravaient tout, jusques à ma puissance.
Je les plains, les admire, et demande vengeance :
Q'un assaut se prépare.

MOHAMED.

Et compte sur nos bras.
Marchons.... Un étranger vers nous porte ses pas.

IBRAHIM.

Un étranger, dis-tu? malheur à son audace!
Ignore-t-il qu'ici la mort suit la menace?

MOHAMED.

Son costume est d'un Grec.

IBRAHIM.

D'un Grec? ah! viendrait-il
Devant moi se courber ou chercher le péril?
Provoquer son trépas, ou m'offrir son hommage?
Qu'il vienne; l'un et l'autre exciteront ma rage.

SCÈNE IV.

TÉSIPHON, IBRAHIM, MOHAMED.

TÉSIPHON.

Dès ce jour, Ibrahim, renonçant à mon Dieu,
Pour embrasser le tien j'ose approcher ce lieu.
Ce Dieu que j'adorais me prouve sa faiblesse,
Puisqu'il ne peut calmer notre horrible détresse,
Quand le tien, au contraire, en dirigeant tes coups,
Te conduit à la gloire, et nous écrase tous;
Pouvais-je balancer?

IBRAHIM.

Par calcul ou bassesse
Tu viens, vil renégat, pour servir Sa Hautesse,
Et de ta lâcheté demander quelque prix.
Qui change de croyance excite le mépris;
Tel qui trahit son Dieu, trahit bientôt son maître,
Et qui devient parjure à l'instant devient traître.

En tous temps, en tous lieux, vois-tu le musulman
Pour adorer le Christ déposer le turban ?
Déserter la mosquée, et, souillant ton église,
Quitter même un désert pour la terre promise ?
Non : sa vie et sa mort sont tout à Mahomet ;
Et sectateur fidèle, il tient ce qu'il promet.
De ce Soliman-Bey, que vit naître la France,
Nous méprisons le titre et la lâche inconstance ;
Exécrable apostat, il vint pour un peu d'or,
A son ambition donner un libre essor ;
Enseigner au pacha l'art affreux de la guerre,
Et les plus sûrs moyens de dépeupler la terre ;
Ce pouvoir simulé dont il est revêtu,
Est un outrage fait à la noble vertu ;
Chacun de mes soldats et le fuit et l'abhorre ;
Plus il reçoit d'honneurs, plus il se déshonore ;
En horreur aux Français, du pacha méprisé,
C'est un vil instrument qu'on a bientôt brisé.
Tu veux un pareil sort ? tu n'es pas d'Hellénie ;
Son sol est un poison contre la tyrannie.
J'ai combattu les Grecs, j'ai pu juger leur cœur,
Et les admire encore en étant leur vainqueur.
Je lis dans tes regards, ou quelque perfidie,
Ou le trop vain espoir de conserver ta vie ;
Redoute mon courroux.

TÉSIPHON.

Invincible pacha,
Ma haine pour les Grecs trop long-temps se cacha ;
Il est temps qu'elle éclate, et que la fière Athène
A force de combattre expire dans l'arène ;

Elle pleure déjà ses plus fameux guerriers;
Chez elle le cyprès remplace les lauriers;
Le découragement peint sur tous les visages
T'offre, pour triompher, les plus heureux présages.

IBRAHIM.

Que me font tes discours !...

TÉSIPHON

Ecoute mes avis;
Que de cruels tourmens ils soient bientôt suivis,
Si de la vérité je ne tiens le langage.

IBRAHIM.

Ce mot seul dans ta bouche est pour elle un outrage.
Ah! la vérité, toi? la connus-tu jamais?
De prononcer son nom garde-toi désormais.
Que veux-tu d'Ibrahim?

TÉSIPHON.

Que tu daignes m'entendre;
A repousser ton bras Athène ose prétendre;
Les fils du Prytanée, et jusques aux vieillards,
Aux femmes réunis, défendront ses remparts,
Tandis que, simulant une attaque imprévue,
D'autres Grecs valeureux paraîtront à ta vue.
La rage, tu le sais, surpasse la valeur;
Ils ont juré ta perte et provoqué la leur.
Dès que le crépuscule, en étendant son ombre,
Viendra sur tous les Grecs jeter un voile sombre,
Par l'antique chemin qui mène au Parthénon,
Qui de chemin sacré porte aujourd'hui le nom,
Cent des plus valeureux marcherout en silence;
Par la porte d'Isis, toujours avec prudence,

D'autres, en se courbant, et la lance en arrêt,
Longeront le sentier qui borde la forêt;
Au cri de liberté surprenant tes cohortes,
D'Athène agonisante ils défendront les portes.

IBRAHIM.

Ils pourront les défendre et je les briserai.
Leurs projets impuissans je les mépriserai;
Et s'il faut de leur sang abreuver cette terre,
Mon courroux saura bien guider mon cimeterre.
Déjà l'Acropolis...

TÉSIPHON.

Bravera tes efforts.
Un Français, un Fabvier lui prête des renforts,
Sa garnison mourante a repris l'existence.
Les vivres, le salpêtre y sont en abondance;
Et pour vaincre ou périr, dans un vaste tombeau,
Le bitume entassé n'attend que le flambeau;
Tremble pour tes soldats, et tremble pour toi-même!

IBRAHIM.

Moi, trembler? Ibrahim! quand mon pouvoir suprême
D'un seul geste ou d'un mot fait trembler l'univers!

TÉSIPHON.

Le héros le plus grand doit craindre les revers :
La France offre un exemple à nul autre semblable,
Son colosse est tombé.

IBRAHIM.

Sa gloire impérissable
Accusera bientôt des lâches tel que toi,
Qui, trahissant leur maître, à tous vendant leur foi,
Ont cru de ce grand homme obscurcir la mémoire.

On peut tromper un peuple, et non tromper l'histoire.
Je suis las de t'entendre et je te dois haïr,
Tu naquis chez les Grecs, et tu viens les trahir ;
Crois-tu par tes discours fixer ma confiance ?
Ton aspect, au contraire, arme ma défiance ;
Ta tête va rouler !.. Que l'un de mes soldats,
Au monstre que tu vois donne un honteux trépas !
Que son infâme sang abreuve cette terre,
Je pourrais, malgré moi, souiller mon cimeterre!

TÉSIPHON.

Est-ce donc là le prix que de toi j'espérais ?
Lorsque je viens servir tes plus chers intérêts,
Tes yeux, de mon trépas cherchent à se repaître !

IBRAHIM.

Ce trépas est trop doux, puisqu'il punit un traître.
Mohamed, obéis!

TÉSIPHON.

Ibrahim, connais-moi ;
C'est pour t'assassiner que je m'offrais à toi ;
Tes gardes effrayés, en arrachant mes armes,
Savent trop ce qu'un Grec peut t'inspirer d'alarmes.
Un Grec devenir traître ! oses-tu le penser ?
J'idolâtre la Grèce et pourrais l'offenser !
J'aspirais à te voir, à connaître ton âme ;
Je vois que notre sang et l'agite et l'enflamme ;
Tu t'en abreuveras, mais aux dépens du tien ;
Tu sauras ce que vaut tout un peuple chrétien ;
Ne crois pas qu'à tes pieds j'ose demander grâce ;
C'est la place d'un lâche et ce n'est pas ma place.
Apprends qu'un Athénien dans sa noble fierté,

Avec un saint transport meurt pour la liberté ;
Je voulais dans ton cœur enfonçant mon épée
La reporter aux Grecs, mais de ton sang trempée.
Le destin m'a trahi, je ne l'accuse pas ;
En mourant de ta main, je bénis mon trépas
Sous le joug d'un tyran si tu soumets Athènes,
A des cadavres seuls tu donneras des chaînes ;
Les Grecs pour me venger vont bientôt accourir ;
Et pour les juger tous, vois si je sais mourir.

IBRAHIM.

Qu'on l'ôte de mes yeux ; qu'un châtiment terrible,
Ralentissant sa mort, la rende plus horrible !...
Tu trembles, Tésiphon...

TÉSIPHON, avec calme.

Moi ? trembler devant toi,
Jamais de la terreur je ne connus la loi.

IBRAHIM.

Tu me braves encor !

TÉSIPHON.

Je souris à ta rage ;
Ne vois-tu pas le Dieu qui soutient mon courage ?

IBRAHIM.

Mais s'il est tout-puissant, pourquoi donc son pouvoir
Ne te sauve-t-il pas ?

TÉSIPHON, avec sang froid.

Tyran, fais ton devoir !

IBRAHIM.

Non : écoute ; tu peux, secondant mon envie,
Et secourir les Grecs et conserver ta vie :
Tu peux bien plus encor...

TÉSIPHON.

J'ai hâte de mourir ;
Abrége tes discours : je ne les puis souffrir.

IBRAHIM.

Par ma voix fais entendre aux défenseurs d'Athènes,
Qu'Ibrahim aujourd'hui veut alléger leurs chaînes.
Que protégeant leur Dieu, ses temples, ses autels,
Il le proclamera le Dieu des immortels ;
Qu'enfans, femmes, vieillards, d'un honteux esclavage
Ne redouteront plus le criminel outrage ;
Qu'ils garderont leurs lois, et que la douce paix
Sur leur sol fatigué régnera pour jamais ;
Qu'ils peuvent d'un seul mot, en fixant l'espérance,
Ramener dans leurs champs les fruits de l'abondance.
Mais redis-leur aussi que le moindre refus
Rendrait, pour me fléchir, leurs efforts superflus.
Que le fer à la main, égorgeant leurs compagnes,
J'abreuverais de sang leurs stériles campagnes...
Obéis à l'instant, et reviens m'enseigner
S'il me faut en ce jour ou vaincre ou bien régner.

TÉSIPHON.

Tu veux régner sur nous ? quelle erreur est la tienne !
On te hait chez les Grecs, et leur haine est la mienne,
Nous vaincre, tu le peux ; nous soumettre, jamais ;
Toujours nous repoussons d'humiliantes paix :
Connais mieux Tésiphon : moi ! j'aurais la bassesse
D'offrir à mon pays ton infâme promesse !
As-tu donc oublié qu'Athènes d'aujourd'hui,
D'un peuple malheureux est le dernier appui ;
Que les mânes errans des héros de l'Attique,

Inspirent à notre âme une valeur antique ;
Que, jaloux d'imiter leur courage immortel,
Du Dieu de tout chrétien nous défendrons l'autel :
Ordonne à tes pareils l'ignoble servitude ;
D'obéir aux tyrans ils gardent l'habitude ;
Nous, issus d'un sang libre et remplis de fierté,
Il nous faut ou la mort ou bien la liberté :
Les Grecs en te cédant flétriraient leur mémoire ;
Et mourir de ta main, c'est mourir avec gloire :
Frappe ; que tardes-tu ?

IBRAHIM.

Mohamed, que sa mort
De me désobéir punisse enfin le tort :
Qu'on l'ôte de mes yeux!

TÉSIPHON.

C'est ce que je désire.
Cours après les grandeurs, moi je cours au martyre :
Je vais rejoindre un Dieu plus puissant que le tien,
Car le Dieu qui m'appelle est le Dieu du chrétien.

(On l'emmène.)

SCÈNE V.

IBRAHIM, MOHAMED.

IBRAHIM.

As-tu vu, Mohamed, avec quelle arrogance
Il a su mépriser jusques à ma vengeance!
Il est temps de punir ces hommes indomptés ;
Qu'avant la fin du jour, tous leurs jours soient comptés :

Qu'un massacre inouï d'eux me fasse justice ;
Femmes, vieillards, enfans, que tout marche au supplice !
Que leurs têtes bientôt offertes au sultan
Repaissent les regards de tout mahométan ;
J'ai soif du sang chrétien !

MOHAMED.

Que ton courroux s'enflamme,
Ta pitié pour les Grecs serait digne de blâme :
En ont-ils donc pour nous ? Ecoutes et pâlis :
Le séraskier voulait sauver l'Acropolis ;
Des soldats qu'il renferme il assurait la vie,
Et pas un n'a voulu seconder son euvie :
A l'espoir de mourir chacun d'eux a souri ;
Chacun d'eux veut défendre un sol qui l'a nourri.
La flotte égyptienne, aux rives du Pyrée,
Pour seconder nos coups se trouvait attirée ;
COCHRANE l'attendait : provoquant le combat,
Il s'élance, il attaque, il poursuit, il abat ;
Et les vaisseaux d'Egypte, en fuyant avec peine,
Ne peuvent échapper à ce vieux philhellène ;
Les Germains sont pour nous, mais les soldats anglais
Secondent la valeur des officiers français :
Déjà les rois d'Europe en secret paralisent
Le pouvoir du sultan, et tous se coalisent
Pour secourir les Grecs : frappons, il en est temps ;
La pitié nous rendrait les succès inconstans.
As-tu vu ces Fabvier, ces Byron, ces Cochrane,
Venir défendre un dieu que notre dieu condamne ?
Ces dons que les chrétiens déposent chaque jour
Pour un peuple rebelle ? Ils pourraient tour à tour,

Ainsi qu'aux temps jadis, dédaignant la fortune,
Obtenir contre nous une chance opportune...

IBRAHIM, avec force.

Qu'un assaut se prépare, et, malgré les écueils,
Que la nuit de son voile ombrage des cercueils!

(Ils sortent.)

(Toutes les femmes, armées, entourent la croix; l'étendard chrétien flotte sur les remparts.)

SCÈNE VI.

ADASTRÉE, PHALARIS, ERIONNE.

ADASTRÉE, avec onction.

Par le glaive ottoman nos pontifes sacrés
En défendant la croix ont été massacrés;
Leur âme généreuse, après un tel martyre,
Fut rejoindre le Dieu qui me voit et m'inspire:
Aux pieds de cette image offerte à nos regards,

Inclinons notre épée et nos vieux étendards !
D'une égale ferveur mettons-nous en prière :
Que chacune ici-bas, terminant sa carrière
N'ait plus à redouter le céleste courroux :
Allons, en les vengeant, rejoindre nos époux !
Soyons dignes encor des antiques Hellènes ;
Teignons de notre sang et nos murs et nos plaines :
Que, foulant à regret tous nos corps en lambeaux,
Ibrahim effrayé marche sur des tombeaux :
L'univers a les yeux portés sur notre Athènes ;
Il cherche par ses dons à soulager nos peines.
Les sujets de l'Europe, en dépit de leurs rois,
Embrassant notre cause affermissent leurs droits ;
La liberté renaît, elle envahit la terre ;
Son existence enfin cesse d'être un mystère :
Elle naquit chez nous, qu'elle y règne toujours !
Son essence divine embellira nos jours,
Et, le glaive à la main, son courage suprême
Saura reconquérir les droits du diadême.

PHALARIS.

A ton noble discours ont palpité nos cœurs;
Le Dieu du peuple grec rendra les Grecs vainqueurs ;
Ou vivans ou martyrs, ils chantent sa puissance ;
Ibrahim doit trembler en voyant leur constance ,
Et nous, ses ennemis, qu'inspire un noble orgueil,
Il faut gagner le port ou mourir sur l'écueil :
Que le sort vous trahisse ou qu'il vous soit prospère
Défendez vos enfans, votre époux, votre père !
Je vais donner l'exemple, imitez ma fureur,
Et sauvons, s'il se peut, la patrie et l'honneur.

ADASTRÉE.

Bien ! bien ! cher Phalaris ; à la céleste image
Qui semble nous bénir, adressons notre hommage.
Immortel Créateur, maître de l'univers,
A toi rappelle-nous ou finis nos revers :
Rends libre notre corps ou reprends lui son âme ;
Cette âme à ton aspect et s'émeut et s'enflamme ;
Sa prière vers toi s'élance chaque jour,
Et par elle, ô mon Dieu, tu connais notre amour !

SCÈNE VII.

LES MÊMES, ERIONNE, qui était sortie pendant le cours de la scène précédente, rentre avec précipitation.

ERIONNE.

A la porte d'Isis un soldat se présente
De la part d'Ibrahim dont nous voyons la tente :
Il dit que, du pacha fléchissant le courroux,
En ministre de paix il vient auprès de nous :
Que faut-il lui répondre ?

ADASTRÉE.

Il faut aller combattre :
Il faut voir Ibrahim, mourir ou bien l'abattre :
Nos compagnes déjà peuplent nos vieux remparts,
Et, le glaive à la main, gardent nos étendards.
Hellènes, suivez-moi : mettons-nous à leur tête !
Loin de la conjurer, provoquons la tempête :
Ah ! je sens dans mon âme une nouvelle ardeur :
D'Ibrahim le nom seul a doublé ma fureur
Pour venger mon époux, secondant mon envie

Si le sort vient l'offrir je termine sa vie.
Erionne, restez : vous, mon fils, suivez-moi.

PHALARIS.

O bonheur ! tu vas voir ton fils digne de toi.

(Tout le monde sort, excepté Erionne.)

SCÈNE VIII.

ERIONNE, seule.

Un trouble involontaire a pénétré mon âme ;
De noirs pressentimens, que sans cesse je blâme,
Troublent tous mes esprits : je crains pour mon époux !
Vingt fois les Musulmans ont ressenti ses coups,
Mais, hélas ! aujourd'hui la mort viendra peut-être
Le ravir à mon cœur. Dieu de qui je tiens l'être,
Veille sur lui !.. Mais non, viens : reprends-nous tous deux !
Esclaves du sultan, nous serions malheureux.

(On entend des coups de feu et un fort cliquetis d'armes.)

SCÈNE IX.

ADASTRÉE, ERIONNE et quelques femmes.

(Adastrée, en combattant, reçoit un coup de cimeterre : on la conduit au pied de la croix.)

ADASTRÉE.

Par le fer ennemi je viens d'être frappée ;
L'arme d'un Ottoman dans mon sang s'est trempée ;
Mon fils, en combattant, d'un trépas glorieux
Vient d'acquitter la dette... Il est mort sous mes yeux.
Ainsi qu'il le prédit... il a..., vengé... son père :
Son corps... en chancelant... couvrait encor.... sa mère :

Il n'a dit que ces mots,... en me serrant la main :
Adieu, chère Adastrée,... adieu... jusqu'à demain!
Il a dit vrai :... la mort, brisant mon esclavage....
A porté... dans mon cœur... son éternel ravage....
J'ai perdu... mon époux... mon enfant... et je meurs!
Enviez notre sort!... loin de verser des pleurs...
Imitez-nous plutôt... bravez le cimeterre...
Soyez libres un jour... ou... rentrez... dans la terre.
C'est au moment suprême... où le Dieu des chrétiens
Affranchissant mon corps... des terrestres liens...
Vers lui... rappelle une âme... à son culte attachée...
Qui des biens... d'ici-bas... fut toujours... détachée..,
C'est dans ce doux moment... que ma... mourante voix
Veut de la liberté... vous prescrire... les lois :
Aux siècles à venir... faites dire à l'histoire..
Ici... gissent les Grecs..; sur eux... plane... la gloire...
Les peuples... de l'Europe... ont pleuré... sur leurs maux,
Et les rois d'un œil sec... ont creusé leurs tombeaux.

(Elle meurt. Au même instant la canonnade se fait entendre.. On voit enlever l'étendard du Christ par un Turc; les femmes se mettent en défense. La toile tombe.)

FIN DE LA TROISIÈME ET DERNIÈRE PARTIE.

Extrait du Mercure *de Londres.*

(7 juillet 1827.)

La tragédie de M. Emile Cottenet, représentée le 4 juillet, est écrite souvent avec chaleur; quelquefois avec trop d'abandon. De beaux vers s'y font remarquer à côté de négligences que la promptitude de son travail peut faire excuser. (Suivent l'analyse et de nombreuses citations.)

(Succès complet.)

Extrait du Furet *de Londres.*

(25 juin 1827.)

Nous croyons faire plaisir à nos abonnés et aux nombreux souscripteurs déjà réunis pour la représentation du 4 juillet, en leur offrant quelques vers de la tragédie pour ainsi dire improvisée par un généreux philhellène : nous disons improvisée, en ce qu'il attend chaque jour les évènemens de la Grèce, et qu'il ne peut composer qu'après la lecture des journaux. Voici donc un fragment, etc.

Furet *de Londres.*

(Lundi 9 juillet 1827.)

La tragédie de M. Emile Cottenet est un morceau où étincelle une foule de beaux vers. Il n'est pas possible de rester insensible au sort de ces malheureux Grecs; en inspirant la pitié, ils inspirent aussi le génie; mais, hélas! on tarde bien à récompenser leur héroïsme. Le tableau de la situation d'Athènes est le moment que le poete a choisi pour son sujet, etc. etc.

(Succès d'enthousiasme.)

FIN.

www.ingramcontent.com/pod-product-compliance
Ingram Content Group UK Ltd.
Pitfield, Milton Keynes, MK11 3LW, UK
UKHW020220180726
13838UKWH00005B/2114